GREEK
ALPHABET

ISBN-13 : 979-8547018145

CONTENTS

GREEK ALPHABET

Alphabet	English	Name of Alphabet	
*Α α	a	άλφα	alpha
Β β	b, v	βήτα	beta
Γ γ	g	γάμμα	gamma
Δ δ	d	δέλτα	delta
*Ε ε	e	έψιλον	epsilon
Ζ ζ	z	ζήτα	zeta
*Η η	e, i	ήτα	eta
Θ θ	th	θήτα	theta
*Ι ι	i	ιώτα	iota
Κ κ	k	κάππα	kappa
Λ λ	l	λάμβδα	lambda
Μ μ	m	μυ	mu
Ν ν	n	νυ	nu
Ξ ξ	x	ξι	xi
*Ο ο	o	όμικρον	omicron
Π π	p	πι	pi
Ρ ρ	r, rh	ρο	rho
Σ σ, ς	s	σίγμα	sigma
Τ τ	t	ταυ	tau
*Υ υ	y, u	ύψιλον	upsilon
Φ φ	ph, f	φι	phi
Χ χ	ch	χι	chi
Ψ ψ	ps	ψι	psi
*Ω ω	o	ωμέγα	omega

* VOWEL

Αράχνη   Aráchne   Spider

αστέρι   astéri   star

α

Βάτραχος Vátrachos Frog

2 →
1 ↓ B
← 3

B B B B B B B B

βάρκα   várka   boat

β

Γάτα   Gáta   Cat

γίδα   gída   goat

Υ

Δελφίνι Delfíni Dolphin

δέντρο   déntro   tree

δ

δ δ δ δ δ δ δ δ δ δ

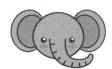

Ελέφαντας Eléfantas Elephant

E

1 ↓ →2
→3
→4

E E E E E E E E E E E

10

ελάφι   elάfi   deer

ε

Ζέβρα   Zévra   Zebra

Z z z z z z z z z z z

ζαμπόν   zampón   ham

Ημερολόγιο Imerológio Calendar

ήλιος   ílios   sun

ἤ η η η η η η η η

Θέατρο   Théatro   Theatre

θησαυρός thisaurós treasure

1 →

2 →
←

θ θ θ θ θ θ θ θ θ θ

Ιπποπόταμος Ιρρορότamos Hippopotamus

1 →
2 ↓
3 →

I I I I I I I I I I I I

μπίρα   bíra   beer

Κάλτσα   Káltsa   Sock

K K K K K K K K

κιθάρα   kithára   guitar

K K K K K K K K K K K

Λουλούδι   Louloúdi   Flower

Λ

λιοντάρι   liontári   lion

λ λ λ λ λ λ λ λ λ λ

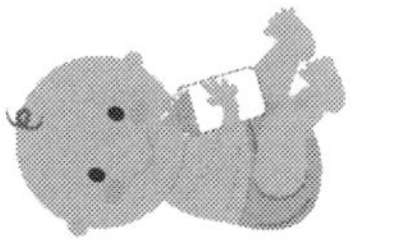

Μωρό Moró Baby

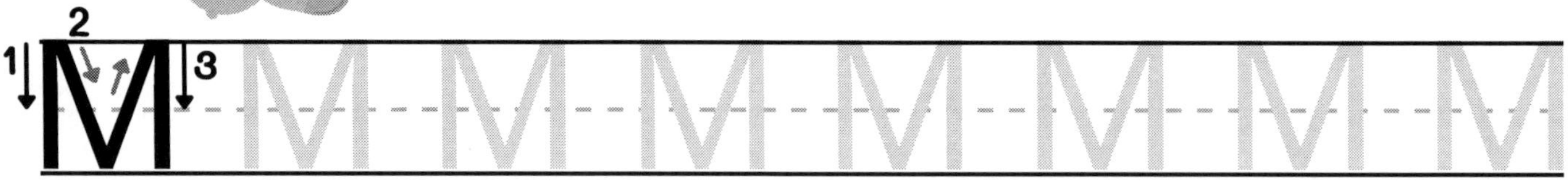

μήλο   mílo   apple

μ μ μ μ μ μ μ μ μ μ

Νυχτερίδα   Nychterída   Bat

N N N N N N N N

 ναός   naós   temple

ν ν ν ν ν ν ν ν ν ν ν ν ν ν ν ν ν ν

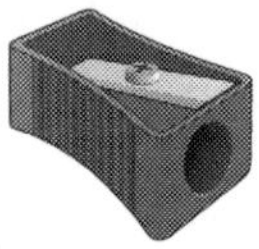

Ξύστρα Xýstra Sharpener

1 →

2 →

3 →

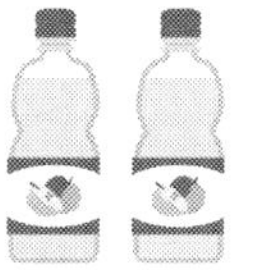

ξίδι **xídi** **vinegar**

1 ξ

ξ ξ ξ ξ ξ ξ ξ ξ ξ ξ

Ομπρέλα   Ompréla   Umbrella

O

οδοντίατρος odontíatros dentist

Ο

Ποδήλατο   Podílato   Bicycle

πάπια   pápia   duck

π π π π π π π π π π π

Ραδιόφωνο   Radiófono   Radio

2→
1↓ **P** P P P P P P P P

 ραπανάκι   rapanáki   radish

ρ

Σπίτι Spíti Home

1 →
2
3 →

Σ Σ Σ Σ Σ Σ Σ Σ

 σταφύλι   stafýli   grape

σ σ σ σ σ σ σ σ σ σ σ σ

ς ς ς ς ς ς ς ς ς ς ς ς

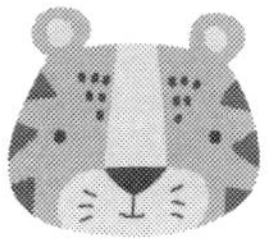

Τίγρη Tígri Tiger

1 2 T

τσάι   tsái   tea

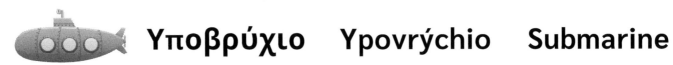

Υποβρύχιο   Ypovrýchio   Submarine

Y 1 2

Y Y Y Y Y Y Y Y Y Y Y

40

υπάλληλος   ypállilos   employee

υ

Φάλαινα   Fálaina   Whale

φόρεμα   fórema   dress

φ

Χοίρος　　　Choíros　　　Pig

X　X　X　X　X　X　X　X　X

χταπόδι chtapódi octopus

1↓ X ↓2 χ χ χ χ χ χ χ χ χ χ χ χ χ

Ψάρι   Psári   Fish

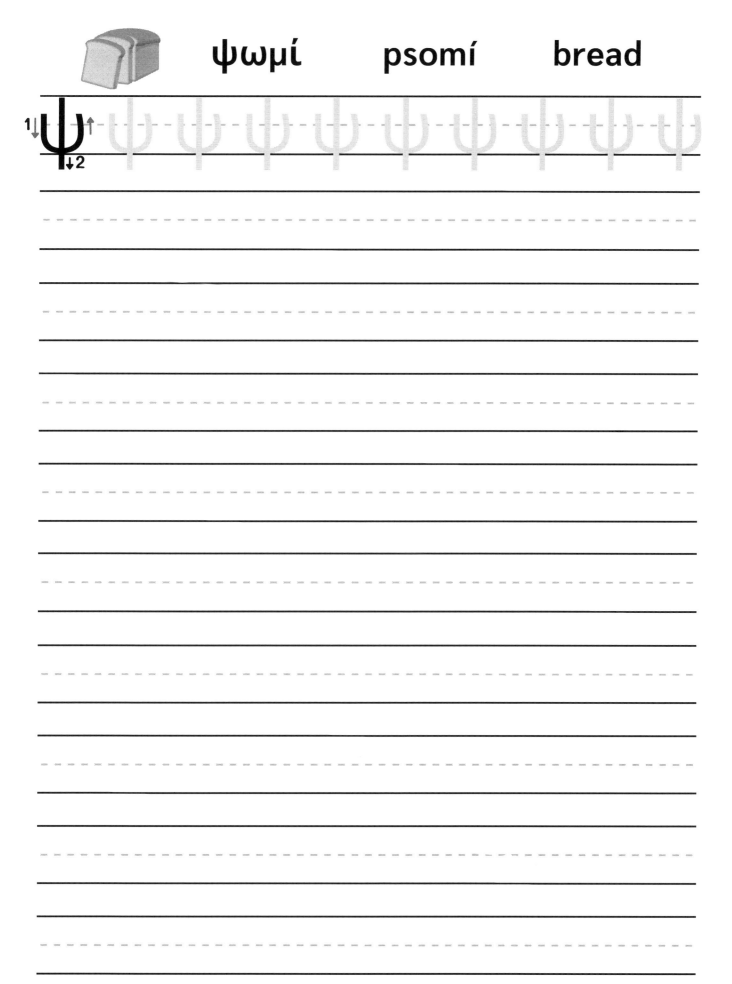

ψωμί   psomí   bread

΄Ωρα   Ora   Hour, Time

Ω

ώμος   όμος   shoulder

ω

Α Β Γ Δ Ε Ζ Η Θ

Ι Κ Λ Μ Ν Ξ Ο Π

Ρ Σ Τ Υ Φ Χ Ψ Ω

α β γ δ ε ζ η θ

ι κ λ μ ν ξ ο π

ρ σ ς τ υ φ χ ψ ω

GREEK WORDS

Greek	English	Pronunciation
Αράχνη	Spider	Aráchne
αστέρι	Star	Astéri
Βάτραχος	Frog	Vátrachos
βάρκα	Boat	Várka
Γάτα	Cat	Gáta
γίδα	Goat	Gída
Δελφίνι	Dolphin	Delfíni
δέντρο	Tree	Déntro
Ελέφαντας	Elephant	Eléfantas
ελάφι	Deer	Eláfi
Ζέβρα	Zebra	Zévra
ζαμπόν	Ham	Zampón
Ημερολόγιο	Calendar	Imerológio
ήλιος	Sun	I'lios
Θέατρο	Theatre	Théatro
θησαυρός	Treasure	Thisaurós
Ιπποπόταμος	Hippopotamus	Ippopótamos
μπίρα	Beer	Bíra
Κάλτσα	Sock	Káltsa
κιθάρα	Guitar	Kithára
Λουλούδι	Flower	Louloúdi
λιοντάρι	Lion	Liontári
Μωρό	Baby	Moró
μήλο	Apple	Mílo

Greek	English	Pronunciation
Νυχτερίδα	Bat	Nychterída
ναός	Temple	Naós
Ξύστρα	Sharpener	Xýstra
ξίδι	Vinegar	Xídi
Ομπρέλα	Umbrella	Ompréla
οδοντίατρος	Dentist	Odontíatros
Ποδήλατο	Bicycle	Podílato
πάπια	Duck	Pápia
Ραδιόφωνο	Radio	Radiófono
ραπανάκι	Radish	Rapanáki
Σπίτι	Home	Spíti
σταφύλι	Grape	Stafýli
Τίγρη	Tiger	Tígri
τσάι	Tea	Tsái
Υποβρύχιο	Submarine	Ypovrýchio
υπάλληλος	Employee	Ypállilos
Φάλαινα	Whale	Fálaina
φόρεμα	Dress	Fórema
Χοίρος	Pig	Choíros
χταπόδι	Octopus	Chtapódi
Ψάρι	Fish	Psári
ψωμί	Bread	Psomí
Ώρα	Hour, Time	Ora
ώμος	Shoulder	O'mos

Αράχνη   Αράχνη

αστέρι   αστέρι

Βάτραχος Βάτραχος

βάρκα βάρκα βάρκα

Γάτα   Γάτα   Γάτα

γίδα   γίδα   γίδα   γίδα

58

Δελφίνι   Δελφίνι

δέντρο   δέντρο

59

Ελέφαντας Ελέφαντας

ελάφι ελάφι ελάφι

ζέβρα   ζέβρα   ζέβρα

ζαμπόν   ζαμπόν

Ημερολόγιο

ήλιος   ήλιος   ήλιος

Θέατρο   Θέατρο

Θησαυρός   Θησαυρός

Ιπποπόταμος

μπίρα μπίρα μπίρα

Κάλτσα   Κάλτσα

κιθάρα   κιθάρα

Λουλούδι Λουλούδι

λιοντάρι λιοντάρι

Μωρό Μωρό Μωρό

μήλο   μήλο   μήλο

Νυχτερίδα Νυχτερίδα

ναός   ναός   ναός

Ξύστρα   Ξύστρα

ξίδι   ξίδι   ξίδι   ξίδι

Ομπρέλα Ομπρέλα

οδοντίατρος

70

Ποδήλατο Ποδήλατο

πάπια πάπια πάπια

Ραδιόφωνο

ραπανάκι ραπανάκι

Σπίτι   Σπίτι   Σπίτι

σταφύλι   σταφύλι

Τίγρη Τίγρη Τίγρη

Τσάι Τσάι Τσάι Τσάι

74

Υποβρύχιο Υποβρύχιο

υπάλληλος υπάλληλος

Φάλαινα   Φάλαινα

φόρεμα   φόρεμα

Χοίρος Χοίρος Χοίρος

χταπόδι χταπόδι

ψάρι   ψάρι   ψάρι

ψωμί   ψωμί   ψωμί

Ὤρα Ὤρα Ὤρα Ὤρα

ὤμος ὤμος ὤμος ὤμος

GREEK PHRASES

Greek	English	Pronunciation
Καλημέρα	Good morning	Kaliméra
Καλησπέρα	Good evening	Kalispéra
Καληνύχτα	Good night	Kalinýchta
Ευχαριστώ	Thank you	Efcharistó
Συγνώμη	Sorry / Excuse me	Sygnómi
Καλή τύχη	Good luck	Kalí týchi
Να προσέχετε	Take care	Na proséchete
Τα λέμε αύριο	See you tomorrow	Ta léme aúrio
Τα λέμε αργότερα	See you later	Ta léme argótera
Παρακαλώ	You're welcome	Parakaló
Σ' αγαπώ	I love you	S' agapó
Καλό ταξίδι	Have a good trip	Kaló taxídi
Χρόνια και ζαμάνια	Long time no see	Chrónia kai zamánia
Μου λείπεις	I miss you	Mou leípeis
Δεν ξέρω	I don't know	Den xéro
Κανένα πρόβλημα!	No problem!	Kanéna próvlima!
Ηρέμησε!	Calm down!	Irémise!
Πως λέγεσαι?	What's your name?	Pos légesai?
Το όνομα μου Jo.	My name is Jo.	To ónoma mou Jo.
Χάρηκα.	Nice to meet you.	Chárika.
Από που είσαι?	Where are you from?	Apó pou eísai?
Από την Ελλάδα.	I'm from Greece.	Apó tin Elláda.
Είσαι καλά?	Are you okay?	Eísai kalá?
Τι ώρα είναι?	What time is it?	Ti óra eínai?
Πόσο κάνει?	How much?	Póso kánei?

Καλημέρα Καλημέρα

Καλησπέρα

Καληνύχτα

Ευχαριστώ

Συγνώμη - Συγνώμη

85

Καλή τύχη

Να προσέχετε

Τα λέμε αύριο

88

Τα λέμε αργότερα

Παρακαλώ

Σ' αγαπώ   Σ' αγαπώ

Καλό ταξίδι

Χρόνια και ζαμάνια

Μου λείπεις

94

Δεν ξέρω   Δεν ξέρω

Κανένα πρόβλημα!

Ηρέμησε! Ηρέμησε!

Πως λέγεσαι;

Το όνομα μου Jo.

99

Χάρηκα   Χάρηκα

Από που είσαι;

Από την Ελλάδα.

Είσαι καλά;

Τι ώρα είναι?

Πόσο κάνει;

Made in United States
Troutdale, OR
01/29/2024

17285634R00060